CATALOGUE

D'UNE

BELLE COLLECTION COMPLÈTE

DE LIVRES MANUSCRITS

ET IMPRIMÉS

SUR

LA FRANC-MAÇONNERIE

LES TEMPLIERS

ET SOCIÉTÉS QUI EN DÉPENDENT

PROVENANT

DU CABINET D'UN ANCIEN VÉN∴

DONT LA VENTE SE FERA

LE LUNDI 27 ET LE MARDI 28 JANVIER 1862,

à 7 heures précises du soir,

MAISON SILVESTRE, RUE DES BONS-ENFANTS, 28,

Salle n° 4 (dans la cour),

par le ministère de M° Francis DIEN, commissaire-priseur, à Paris,
rue de la Verrerie, 99,

assisté de M. GUILLEMOT, libraire,
quai des Grands-Augustins, 19.

PARIS,

CHEZ D. GUILLEMOT, LIBRAIRE,

QUAI DES GRANDS-AUGUSTINS, 19,

ET CHEZ M° DIEN, COMMISSAIRE-PRISEUR,

RUE DE LA VERRERIE, 99,

au coin de celle Saint-Martin.

1861

CATALOGUE

BELLE COLLECTION COMPLÈTE

DE LIVRES MANUSCRITS

ET IMPRIMÉS

SUR

LA FRANC-MAÇONNERIE

LES TEMPLIERS
ET SOCIÉTÉS QUI EN DÉPENDENT

PROVENANT

DU CABINET D'UN ANCIEN VÉN∴

DONT LA VENTE SE FERA

LE LUNDI 27 ET LE MARDI 28 JANVIER 1862,

à 7 heures précises du soir,

MAISON SILVESTRE, RUE DES BONS-ENFANTS, 28,

Salle n° 4 (dans la cour),

par le ministère de Mᵉ Francis DIEN, commissaire-priseur, à Paris,
rue de la Verrerie, 99,

assisté de M. GUILLEMOT, libraire,
quai des Grands-Augustins, 19.

PARIS,

CHEZ D. GUILLEMOT, LIBRAIRE,

QUAI DES GRANDS-AUGUSTINS, 19,

ET CHEZ Mᵉ DIEN, COMMISSAIRE-PRISEUR,

RUE DE LA VERRERIE, 99,

au coin de celle Saint-Martin.

1861

ORDRE DES VACATIONS.

Le lundi **27** *janvier* **1862** :
N. 1 à 147.
Le mardi **28** *janvier* :
N. 148 à 286.

CONDITIONS.

Au comptant, 5 pour 100 des adjudications.

CATALOGUE

D'UNE BELLE COLLECTION COMPLÈTE

DE

LIVRES MANUSCRITS ET IMPRIMÉS

SUR

LA FRANC-MAÇONNERIE.

JOURNAUX MAÇ∴ ET PUBLICATIONS PÉRIODIQUES.

1. *Annales Maçonniques*, par Caillot (rédigées par Caignard de Mailly). *Paris*, Caillot, 1807-10, 8 tom. en 4 vol., dem.-rel.

2. *Annales* chronologiques, litt. et hist. de la Maçonnerie des Pays-Bas, du 1er janvier 1814 et y compris 1828. *Bruxelles*, 5822-29, in-8, 6 tom. en 8 vol., dem.-rel., n. rognés (6 pl., dont une grande lithogr.).
   Bel exemplaire rare complet.

3. *Hermès*, ou Archives Maçon∴, par une Société de F∴ M∴. *Paris*, 1818-19, in-8, 2 tom. en 1 fort vol., dem.-rel.
   Exempl. de M. Lerouge, quantité de notes et correct. MSS.

4. *Bibliothèque* Maçonnique, ou Recueil de matériaux propres à l'histoire de la Maçonnerie (rédigée par Joly). *Paris*, Pillet, in-8 cart., non rogné. 4 fig. lithogr. (5 liv., 250 pages, de décembre 1818 à juillet 1819).
   Collection complète.

5. *Encyclopédie Maçonnique*, contenant les faits historiques sur la maçonnerie et sur les sociétés qui ont avec elle des rapports prochains ou éloignés, etc. (par Chemin-Dupontès). *Paris*, l'auteur, 1819-25, 4 vol. — Mémoire sur

l'Écossisme. *Paris*, 1823. — Hist. des initiations de l'anc. Égypte. 1825. — Cours pratique de Franc-Maç∴ *Paris*, 1841, 5 cah. : le tout réuni en 6 vol. in-12 cart., n. rogn.

Collect. complète des œuvres Maç∴ de Chemin-Dupontès.

6. *L'Abeille* Maçonnique, journal hebdomadaire, du 1ᵉʳ juin 1829 au 5 mars 1832, in-fol., dem.-rel., 113 numéros.

Collection complète, extrêmement rare.

7. *Revue* historique, scientifique et morale de la Franc-Maçonnerie (par B. Clavel). *Paris*, 1830-33, in-8, 6 nᵒˢ en 1 vol. dem.-mar. r. (attributs Maç∴) (288 pag.) (pl. alphab. des Templiers).

Collect. rare. M. Lerouge ne possédait que 5 nᵒˢ.

8. *Revue Maçonnique* (rédigée par le F∴ Peigné). In-8, 3 vol., dem.-rel. (attributs Maç∴ s. le dos).

De septembre 1834 à mars 1837. Collection complète.

9. *L'Univers Maçonnique*, revue générale, etc., dirigée par C. Moreau. *Paris*, 1837, gr. in-8, dem.-rel.

9 *bis*. Le même ouvrage. Gr. in-8 br.

10. *Le Globe*, Archives des initiations anciennes et modernes, publ. par une société de F∴ M∴ et de Templiers, sous la rédaction des F∴ Juge et Desanlis. *Paris*, 1839-42, 4 vol. gr. in-8 cart. (portraits et fig.). Le 4ᵉ vol. est un peu rogné.)

Le 4ᵉ vol. est devenu rare, ayant été brûlé dans l'incendie de la rue du Pot-de-Fer.

11. La *Fraternité*, revue Maç∴ publ. par M. Lebreton. *Rouen*, 1842-43, in-8, 12 livr. en 1 vol., dem.-rel.

12. L'*Orient*, revue universelle de la Franc-Maçonnerie, sous la direction du Fr. B. Clavel. *Paris*, 1844-45, gr. in-8, dem.-rel. (380 pages). (Collection complète.)

13. *Erwinia*. Feuille de correspondance Maç∴, organe officiel du congrès. *Strasbourg*, 1847, in-8, dem.-rel. v. (attr. Maç∴) Tome Iᵉʳ (allem.-fr.) (fig.).

14. Le *Franc-Maçon*, revue mensuelle publiée par le F∴ Dechevaux-Dumesnil. *Paris*, 1848-61, in-8, 2 forts vol., dem.-rel. v. n. à nerfs et livraisons.

Collection complète, de juin 1848 à et y compris sept. 1861.

15. La *Vraie Lumière*, journal des Francs-Maçons, publ.
par le F∴ Duplais. *Versailles*, in-8 br.
> 14 n°ˢ, du 1ᵉʳ juin 1851 au 1ᵉʳ juin 1852. *Collect. complète.*

16. Le *Soleil* mystique, journal de la Maçonnerie universelle, sciences, etc. *Paris*, 1853, gr. in-8 br., fig. (1ᵉʳ vol.
seul publié).

17. Le *Temple* mystique, revue de la Franc-Maçonnerie,
par Marconis de Nègre. *Paris*, 1855-56, in-4, 14 n°ˢ en
1 vol., dem.-rel. mar. n. à nerfs (17 belles pl. lithogr.).
> *Collection complète.*

18. Le *Monde maçonnique*, revue des loges de tous les rites,
fondée par les F∴ F∴ Louis Ulbach et Fr. Favre. In-8,
41 livraisons br.
> *De mai 1858 à et y compris octobre 1861 ; 3 années complètes*
> *et 6 livraisons. Bonne revue en cours de publication.*

19. *Almanach* pittoresque de la Franc-Maçonnerie, par P.
T. B. Clavel. *Paris*, Pagnerre, 5844 à 5848, in-18, 5 vol.
rel. et br. (fig. sur bois).
> *Collection complète.*

HISTOIRE, INITIATIONS DES ANCIENS PEUPLES.

20. *Essai* sur l'hist. du Sabéisme, auquel on a joint un catéchisme qui contient les principaux dogmes de la religion
des Druses. — Un mémoire sur le Peuple nomade nommé
Bohémien, par de Bock. *Metz*, 1788 (gr. pl.), in-12, 2 part.
en 1 vol., v. m.
> *Avec un Vocabulaire bohémien, indien, malabar et français.*

21. *Recherches* histor. et critiq. sur les Mystères du paga-
nisme, par M. le baron de Sainte-Croix. 2ᵉ édit. revue et
corrigée par le baron Sylvestre de Sacy. *Paris*, 1817, in-8,
2 vol., dem.-rel.

22. La *Franche Maçonnerie* rendue à sa véritable origine,
ou l'Antiquité de la F∴ M∴ prouvée par l'explication des
mystères anciens et modernes, par Al. Lenoir. *Paris*,
1814, in-4, v. rac. (10 belles pl. d'après Moreau).

23. *Cours* complet de Maçonnerie, ou Hist. génér. de l'initiation, depuis son origine jusqu'à son institution en

France, par le Dʳ Vassal. *Paris*, 1832, in-8, fort vol.,
dem.-rel., fig.

24. *J. M. Ragon.* Cours philosophique et interprétatif des
Initiations anciennes et modernes. *Paris*, Berlandier, 1841,
in-8 cart.

   Ouvrage devenu rare.

24 *bis.* Le même. *Paris*, 1841, in-8 br.

25. (*Ragon*). La Messe et ses mystères comparés aux mystères
anciens, ou Complément de la science initiatique, par J.
Marie de V. *Paris*, Berlandier, 1846, in-8 br., 2ᵉ édit.

26. *Ragon.* Orthodoxie maçonnique, suivie de la Maç.∴
occulte et de l'initiation hermétique. *Paris*, 1853, in-8,
fort vol. br. (fig.).

27. *Ragon.* Maçonnerie occulte, suivie de l'initiation occulte. *Paris*, 1853, in-8 br. (portr.).

28. *Recherches* sur les initiations anciennes et modernes,
par l'abbé R. (Robin). *Paris*, Valleyre, 1779, in-12, v. m.
(Bel exempl.).

29. *Crata repoa*, ou Initiations des anciens mystères des prê-
tres de l'Égypte, trad. de l'allem. et publié par le F.∴ Ant.
Bailleul. *Paris*, 5821, in-8, dem.-rel. mar. r. (attributs
Maç.∴).

30. *Sethos*, Histoire ou vie tirée des monuments, anecdotes
de l'anc. Égypte ; trad. d'un manusc. grec (par l'abbé Ter-
rasson). *Paris*, 1767, in-12, 2 vol. v. m. (2 cartes).

31. *Jo. Meursii* Eleusinia, sive de Cereris Eleusinæ sacro
ac festo liber singularis. *Lugd.-Batavor.*, ex officina El-
zeviriana, 1619, in-4 cart.

32. *Essai* sur les Mystères d'Éleusis, par M. Ouvaroff. *Paris*, impr. roy., 1816, in-8, dem.-rel. (titre gr.).

33. *Dissertations* sur les Parisii ou Parisiens, et sur le culte
d'Isis chez les Gaulois, par J. N. Deal. *Paris*, 1826, in-8,
dem.-rel. (1 pet. grav.).

34. *Schiller.* La Mission de Moïse, étude sur les Initiations
anciennes ; trad. pour la première fois de l'allemand, par
F. Seippel. *Havre*, 1859, in-8, maroq. rouge, fil., non
rogné.

   Exempl. en papier vélin.

35. *Advertissement* pieux et très-vtile des Frères de la Rosée-Croix, par H. Neuhous de Dantzic. *Paris*, 1623, in-8 cart. à la Bradel (46 pages). *Rare.*

36. *Instrection* à la France svr la Vérité de l'histoire des frères de la Roze - Croix, par G. Navdé Parisien. *Paris*, Fr. Julliot, 1623, in-8. v. f. (bel exempl.), (*Vol. rare.*)

37. Des *Couleurs* symboliques dans l'antiquité, le moyen âge et les temps modernes, par Fr. Portal. *Paris*, 1837, in-8 br.

HISTOIRE DE LA FRANC-MAÇONNERIE.

38. *Abrégé* de l'hist. de la Fr∴ Maç∴, précédée et suivie de quelq. pièces en vers et en prose, et d'anecdotes qui la concernent, d'un Essai sur les mystères, etc. *Lausanne*, 1779, pet. in-8 cart. n. r.

38 *bis*. Le même ouvr. *Laus.*, 1783, pet. in-12 cart. n. r.

39. *Acta Latomorum*, ou chronologie de l'histoire de la Franche-Maçonnerie, etc., avec un supplément (par M. Thory). *Paris*, Dufart, 1815, in-8, 2 vol. cart. n. r. (2 gr.), bel ex.

> *Ouvrage devenu rare. On trouve à la fin du 1er vol. un catalogue de livres publiés sur la Fr∴ M∴, depuis 1723 jusqu'en 1814.*

40. *Aperçu* général et historique des principales sectes maçonniques qui ont été les plus répandues dans tous les pays, etc., par le F∴ J. Ph. Levesque. *Paris*, Caillot, 1821, in-8, demi-rel.

41. La *Chaîne* symbolique. Origine, développement et tendances de l'idée maçonnique, dans les formes sous lesquelles elle s'est manifestée, dans ses rapports avec la religion, l'Etat et l'art, etc., par Galiffe. *Genève*, 1852, in-8, fort vol. br.

42. *Ce que c'est* que la Franche-Maçonnerie, etc., par P. de Joux. *Genève*, an X, in-8, cart. n. r.

43. *Considérations* filosofiques sur la Franc-Maçonnerie. *Hambourg*, 1776, in-12, fort vol. cart. n. r.

> *Livre curieux; on trouve à la fin 12 pag. d'un catalogue de livres imaginaires sur la Fr∴ M∴.*

44. *The Constitutions* of the Free-Masons, containing the history, charges, regulations, of that most Ancient and Rigt Worshipful Fraternity (by Desaguliers). *London*, 1723. *New-York*, 1855, in-4 cart., pap. vél.

Belle réimpression faite à New-York.

45. *Dictionnaire* Maçonnique, ou Recueil d'esquisses de toutes les parties de l'édifice connu sous le nom de Maçonnerie (par le F∴ Quentin). *Paris*, Brianchon, 1825, in-12, cart. n. r. (3 pl. lithogr).

46. *Esprit* du dogme de la Franche-Maçonnerie, recherches sur son origine et celle de ses différents rites, compris celui du Carbonarisme, par le F∴ M∴ R∴ (Reghellini) de Schio. *Bruxelles*, Tarlier, 1825, in-8, demi-rel., n. r. (12 pl.). *Rare*.

47. *Essai* histor. sur la F∴ Maçonnerie, depuis son origine jusqu'à nos jours, par le F∴ V. F. (Vidal). *Bordeaux*, 5830, in-12, demi-rel. (attributs maçon. sur le dos).

48. *Essai* sur l'Hist. génér. de la Franche-Maconnerie, etc.; par J. F. Vernhes. *Paris*, Caillot, S. D., in-12 cart. à la Bradel.

49. *Essai* sur la Franc-Maçonnerie, ou du but essentiel et fondamental de la F∴ M∴, etc. (par Beyerlé) Latomopolis. (*Nancy*), 5784, in-8, 2 vol., v. m.

50. *Essais* histor. et critiq. sur la Franche-Maçonnerie, ou Recherches sur son origine, son système, son but, etc., par J. L. Laurens. *Paris*, Chomel, 1806, in-8, demi-rel.

51. *Etudes* historiques et philosophiques sur la Franc-Maçonnerie ancienne et moderne, sur les hauts grades et sur les loges d'adoption, par le F∴ J. S. Boubée. *Paris*, Dutertre, 1854, in-8 br.

52. *Etudes* histor. et symbol. sur la Franc-Maç∴, par Vaillant. *Paris*, 1860, in-12 br.

53. *Hiérologies* sur la Franc-Maçonnerie et l'Ordre du Temple; par L. Th. Juge, de Tulle. *Paris*, 1839-40, gr. in-8, fort vol. cart. n. r. (portrait).

54. *Histoire* de la Franc-Maçonnerie, par Ed. Bobrick, trad. de l'allem. par E. Lenz. *Lausanne*, 1841, in-12 br.

55. *Histoire* des Francs-Maçons, par J. P. Dubreuil. *Brux.*,
1838, petit in-12, 2 tom. en 1 vol. dem.-mar. r. à n.

56. *Histoire* des Francs-Maçons, conten. les obligations et
statuts de l'ordre, etc. (par le F∴ de la Tierce). *A l'Orient*,
1745, in-12, 2 tom. en 1 vol. v. m. (les chansons sont rel. à
part).

57. *Histoire* et statuts de la société des Francs-Maçons, la
manière de les recevoir, avec leur serment, puisés dans les
mémoires secrets du grand maître de France, le 14 juin
1783. *Londres*, Festetiz, 1743, in-12 rel. (*Rare.*)

58. *Histoire* générale de la Franc-Maçonnerie, par E. Rebold.
Paris, Franck, 1851, in-8 br.

59. The *History* of Free Masonry, with an account of the
Grand Lodge of Scotland from the Institut, in 1736, etc.
Lond., 1804, in-8, demi-rel.

60. *Histoire* philosophique de la Franc-Maçonnerie, par
Kauffmann et Cherpin. *Lyon*, 1850, gr. in-8, cart. n. r.
(4 fig.).

61. *Histoire* pittoresque de la Franc-Maçonnerie et des sociétés secrètes anc. et mod., par Clavel. *Paris*, 1844, gr.
in-8, cart. n. r. (25 grav.).

62. *Illustrations* of Masonry, by W. Preston, with copious
notes and additions, by the rev. G. Oliver. *New-York*,
1855, in-8, cart.

63. La *Maçonnerie*, considérée comme le résultat des religions égyptienne, juive et chrétienne, par le F∴ M∴ R∴
de S∴ (Reghellini de Schio). *Paris*, 1842, in-8, 3 vol.
cart. n. r., et atlas de 9 grandes pl.
Ouvrage savant, devenu très-rare.

64. *Origine* et objet de la Fr∴-Maç∴, par B., 1774, pet.
in-8, br. — Le *Sceau* rompu, ou la Loye ouverte aux
profanes. *Cosmopolis*, 1745, pet. in-12, br. (fig. sur bois).

65. La *Philosophie* maç∴, par L. Ulbach. *Troyes*, 1853,
in-18, dem.-rel. — Le *Vrai* Maçon, 1809, in-18. — *Histoire* de la Fr∴-Maç∴ *Lyon*, 1857. — *Rose* de la Vallée,
1808. — *Maç∴* adbonhiramite. — *Jacquemin* le Franc-
Maçon, et autres, in-18, br. et rel.
Ce lot sera divisé.

66. *Précis* historique de l'ordre de la Franc-Maçonnerie,
depuis son introduction en France jusqu'en 1829, suivi
d'une biographie des membres de l'ordre les plus célèbres, etc., par **J. C. B*****. *Paris*, Rapilly, 1829, in-8,
2 tom. 1 fort vol., dem.-rel.

67. *Précis* sur la Franc-Maçonnerie, son origine, son but,
ses doctrines, etc., par Cés. Moreau. *Paris*, 1856, gr. in-8,
br.

68. Le *Prince* Franc-Maçon et la princesse Zelbine, conte
de fées, où l'on voit l'origine et les progrès de la Maçonnerie. *La Haye*, 1746, in-12, 3 part. 1 fort vol., v. f., fil,
(aux armes), *rare*.

> *Dans le même vol., Mahmoud le Gasnevide, hist. orientale.
> Rotterd., 1729. — Lettre de Mme L. M. à M. D. R sur les obser-
> vat. de M. l'abbé D. F. 1742.*

69. *Traité* des Symboles, ouvrage indispensable aux litté-
rateurs et aux artistes, qui donne la clef de toutes les allé-
gories, tant sacrées que profanes, et des mystères les plus
cachés des sociétés maçonniques, hermétiques, etc., par
Decourcelle. *Paris*, Debray, 1806, in-12, cart.

70. *Vocabulaire* des Francs-Maçons, suivi des Constitutions
de Poésies, etc., par un Fr∴-Maç∴, 2ᵉ édit. *Paris*, 1808,
in-12, br.

71. Le *Vrai Franc-Maçon*, qui donne l'origine et le but de
la Franc-Maçonnerie, par le F∴ Enoch. *Liège*, 1773,
pet. in-8, 2 part. en 1 vol., v. gr. (fig.).

OUVRAGES EN FAVEUR DE LA F∴ M∴

72. L'*Adepte* moderne, ou le Vrai secret des Francs-Maçons, histoire intéressante. *Imprimé* cette année à Londres, S. D., in-12, cart., n. r.

73. *Apologie* pour l'ordre des Francs-Maçons, par N. *La
Haye*, Gosse, 1785, pet. in-8, cart. (mus.).

74. *Bazot.* — Morale de la Fr∴-Maç∴ *Paris*, 1827. —
Etrennes aux sectateurs de l'art maç∴, 1810, in-18,
2 part. en 1 vol., dem.-rel. — *Code* des Francs-Maçons.
Paris, 1830, in-18, br. (fig.).

75. La *Consolation* philosophique de Boece, nouv. trad.

avec la vie de l'auteur, des remarques hist. et critiq. et
une dédicace Massonnique, par un F∴ Masson (de Fran-
cheville). *La Haye*, 1744, pet. in-8, 2 vol., v. m.

76. L'*Ecole* des Francs-Maçons (par Couret de Villeneuve),
Recueil de poésies maçonnes. Jérusalem (*Orléans*), 1748,
in-12, 2 part. en 1 vol., mar. r., fil., tr. d. (2 grav.).

77. *Entretiens* sur la Franc-Maçonnerie, par un philosophe
bien digne d'en être, 1784, pet. in-12 cart. n. r. (jolie
vign.).

78. L'*Etoile* flamboyante, ou la Société des Fr∴ Maç∴
considérée sous tous les aspects (par le baron de Tschoudy).
L'Orient (*Paris*), chez le Silence, S. D., in-12, 2 tom. en
1 vol., cart. (fig.).

79. *Etrenne au Pape*, ou les Francs-Maçons vengés, ré-
ponse à la bulle d'excommunicat. lancée par le pape Be-
noît XIV, l'an 1751, fulminée à Naples, avec une copie
exacte de ladite bulle et une trad. franç., etc. *La Haye*,
1752. — Le *Vatican vangé*, apologie ironique pour servir
de pendant à l'Etrenne au Pape, ou Lettre d'un père à son
fils, à l'occasion de la bulle de..., etc., avec les notes et
comment., par le ch. D. L. *La Haye*, 1752, pet. in-8,
2 vol., cart. à la Bradel.

> *Ces 2 volumes, d'une extrême rareté, sont attribués au*
> *baron de Tschoudy.*

80. Le *Franc-Maçon* dans la république, ou Réflexions apo-
logiques sur les persécut. des Fr∴ Maçons, par un membre de l'ordre. *Francfort*, 1746, pet. in-8, dem.-rel.

81. *Le même*, avec lettre à l'auteur d'un ouvrage intitulé le
Franc-Maçon dans la république, etc., 1747, in-12, cart.

82. Le *Franc-Maçon* tel qu'il doit être, ou Avis fraternels à
tous les Maçons qui éclairent les quatre points cardinaux,
de l'occident à l'orient et du nord au midi, par un Agrny-
Irny, Jérusalem. (*Hollande*), 2901, in-12, cart.

83. *Histoire* de la persécution intentée en 1775 aux Francs-
Maçons de Naples, suivie de pièces justificatives. *Londres*,
1780, in-8, cart. (une grav. allégorique).

84. De l'*Influence* attribuée aux philosophes, aux Francs-

Maçons et aux illuminés sur la révolution de France, par
J. J. Mounier. *Paris*, 1822, in-8, cart. n. r..

85. Les *Jésuites* chassés de la Maçonnerie et leur poignard
brisé par les Maçons (par Nic. de Bonneville). *Orient de
Londres*, 1788, in-8, 2 part. en 1 vol., dem.-rel.

> La 1re *partie a pour second titre*, la Maçonnerie écossaise
> comparée avec les trois professions et le secret des Templiers
> du xive siècle ; *celui de la 2e partie*, Mêmeté des quatre vœux
> de la compagnie de St. Ignace et des quatre grades de la Maç.·.
> de St. Jean.

86. *Loge centrale* des véritables Francs-Maçons, ou Lettre
d'un philosophe du Nord à Mme la princesse de N. (par
Barbet, anc. oratorien). *Paris*, Michelet, 1802, in-12
bas.

87. Le *Manuel* de Xéfolius. *Au Grand Orient*, 1788, in-8
cart. à la Bradel, n. r.

88. *Miroir* de la vérité, dédié à tous les Maç.·., par le F.·.
Abraham. *Paris*, 1800-2, in-8, 3 vol., dem.-rel.

> *Exemplaire bien complet, rare en cet état, ayant été publié
> en livraisons.*

89. *Remarques* d'un profane sur deux homélies maç.·.
prononcées le 27e jour du 10e mois de l'an 5820. *Besançon*,
1822, in-8 br.

90. *Sue*. Consultation sur cette question Maç.·. : *Un
aveugle* peut-il être reçu Maçon ? 1782. — *Discours* sur la
Maç.·., 1784, in-8, 2 broch.

91. Le *Secret* des Francs-Maçons, avec un rec. de leurs
chansons, 1744. — *Apologie* du théâtre, adressée à
Melle Cl. *La Haye*, 1762, pet. in-12, 2 part. en 1 vol. cart.

92. La *Société* des Francs-Maçons soutenue contre les faux
préjugés par le seul aspect de la vérité, par le V. F.
P. D. B... *Amsterdam*, 1772, pet. in-8 cart. (48 pag.).

93. La *Suisse* catholique deux fois, ou Doctrine philosophique dédiée aux vrais juges, grands commandeurs philos. in.·. et à tous les membres de l'associat. maç.·., par
Tacxsi, chevalier de l'ordre du Christ. *Paris*, Michaud,
1814, in-8, dem.-rel. (exempl. signé).

94. Le *Tonneau* jetté, ou Réflexions sur la prétendue dé-
couverte des mystères de l'ordre des Francs-Maçons, à

S. A. Mgr. le prince W., par un membre de l'ordre. *La Haye*, 1745, in-12 cart. (28 pag.).

> *Pet. vol. d'une extrême rareté, attribué à un grand seigneur : c'est la réfutat. de l'ordre des F∴ M∴ . trahi.*

OUVRAGES CONTRE LA F∴ M∴

95. L'*Anti-Maçon*, ou les Mystères de la Maçonnerie dévoilés par un profane. — La *Vallée de Josaphat*, S. D. (1748), in-12 cart., n. r. (titre gr. et fig.).

96. *Conjuration* contre la religion catholique et les souverains, etc. (par l'abbé Le Franc). *Paris*, 1792. — Le *Tombeau* de Jacq. Moldi (par Cadet Gassicourt). *Paris*, an IV (édit. originale). — *Lettre* à M. Bes*** sur la Franche-Maç∴. *Londres*, 1787, in-8, 3 part. en 1 fort vol., v. m.

97. La *Désolation* des entrepreneurs modernes du temple de Jérusalem, ou Nouv. Catéchisme des Francs-Maçons, par Léon. Gabanon (Travenol). *Jérusalem*, 1440 (dep. le déluge), in-12, v. m. (fig.).

98. L'*Esprit* de la Franc-Maçonnerie dévoilé, relativement au danger qu'elle renferme, par l'abbé B. (Boiste). *Montpellier*, 1818, in-8 cart. n. r.

99. *Examen* de la société des Francs-Maçons, où l'on fait voir son opposition aux maximes du christianisme, 1746. — *Lettre* et consultat. de la Sorbonne sur la société des Francs-Maçons. 1748, pet. in-8, 2 part. en 1 vol. cart.

> *Pièces très-rares.*

100. Les *Faux-Frères*, ou la Vérité dans un plus grand jour, par M'**. *Paris*, 1784, in-12, cart., n. r.

101. Les *Folies* du siècle, roman philosophique, par de Lourdoueix. *Paris*, 1818, in-8 cart., n. r. (7 grav.).

> *Divers articles contre la F∴ M∴*

102. Les *Francs-Maçons* condamnés par les Bulles des Souverains Pontifes. *Brux.*, 1838, — les *Masques* bibliques ou la loge et le Temple, par Timon II. *Brux.*, 1857, in-8, 2 broch.

103. Les *Francs-Maçons* plaideurs. *Genève*, 1786, in-8, dem.-rel. (attributs Mac∴). *Discours* de l'âne du F∴ Na-

both, pour servir de suite aux F∴ M∴ plaideurs. 1787.
in-8 cart. n. r.

104. *Lettres* critiques et philosophiq. sur la Franc-Maçonnerie. trad. du portugais et acc. de notes hist., par G.
(Gros). *Paris,* 1835, in-8, dem.-rel. v. (attributs Mac.∴).

105. *Louis XVI* détrôné avant d'être roi, ou tableau des
causes de la révolution française et de l'ébranlement de
tous les trônes, par l'abbé Proyart. *Paris,* 1803, in-8.
fort vol. dem.-rel.

> *Ouvrage dirigé spécialement contre les Francs-Maçons, et
> où l'on a mis sur le titre : Seule édition de l'auteur.*

106. Le *Maçon* démasqué, ou le vrai secret des Francs-
Maçons. *Berlin*, 1757, pet. in-8 v. (7 pl. et mus.).

107. *Mémoires* pour servir à l'histoire du Jacobinisme, par
l'abbé Barruel. *Hambourg*, P. Fauche, 1803, in-8,
5 vol. br.

108. L'*Ordre* des Francs-Maçons trahi et leur secret révélé
(par l'abbé Larudan) à l'Or∴ S. D. — (La *Lyre Maç∴*, par
Jacquelin, 1810, in-12, 2 tom. 1 vol., dem.-rel. [fig.].) —
Les *Francs-Maçons* écrasés, suite de l'ordre des Fr∴ M∴
trahi (par le même). *Amst.*, 1747, pet. in-8 v. m. (fig.).

109. *Pamphlets* et réponses, in-8, 7 pièces.

> *Lettre de Satan aux Fr∴ M∴, suivie d'une réponse. — Ré-
> vélat. au roi. — Dénonciat. aux cours royales. — Réfut. de la
> dénonciat. aux cours roy. des clubs menaçans de la Fr∴ M∴,
> par J. R. — Profession de principes Fr∴ M∴, ou Lettre à
> l'auteur Dénonciat. et révélation au roi, etc. (par Bazot).
> — Descente dans les souterrains carbonariques de France. —
> Révélat. d'un Fr∴ M∴, etc. Paris, 1825-29. (Articles extr. ou
> tirages à part de l'Éclair).*
> *Brochures fort rares à trouver.*

110. *Proofs* of a conspiracy against all the Religions and
Governements of Europe, carried-on in the secret mee-
tings of free Masons, Illuminati, and reading societies, by
J. Robison. *London*, 1798, in-8, fort vol., dem.-rel. (3ᵉ éd.).

111. Le *Secret* des Francs-Maçons mis en évidence, par
M. Uriot. *Francfort*, 1744, pet. in-8 cart. à la Bradel
(40 pag.).

112. Le *Tombeau* de Jacq. Molai ou hist. secrètes des ini-

tiés, des Templiers, Fr∴-Mac∴, etc. (par Cadet Gassicourt). *Paris*, an V, in-18 cart., n. r. (1 fig.).
> *Édit. complète.*

113. Le *Voile* levé pour les curieux ou le secret de la révolution révélé à l'aide de la Franc-Maçonnerie (par l'abbé
Lefranc), 1791, in-8 v.

113 *bis.* Le *même*, 1791, in-8 cart., n. r.

114. Les *Vrais* jugements sur la société des Francs-Maçons.
— Supplément audit ouvrage, *Bruxelles*, 1752-54, in-12,
2 vol. cart.

OUVR. DANS LESQUELS IL EST FAIT MENTION DE LA F∴ M∴.

115. *Clef* du cabinet des Princes de l'Europe, mars, avril,
mai et juin. *Luxemb.*, 1738, in-12, 1 vol., dem.-rel.
> *Conten. 4 articles : le Portrait et une relat. apologique (sic)
> de la Société des Fr∴ M∴.*

116. *Examen* du Mosaïsme et du Christianisme, par M. Reghellini, de Schio. *Paris*, 1834, in-8, 3 vol. br.

117. *Histoire* de l'assassinat de Gustave III, roi de Suède,
par un officier polonais, témoin oculaire. *Paris*, 1802,
in-8 cart., n. r. (portr.), 2e édit. augm.

118. La *Maçonnerie* Mesmérienne, etc., par J. B. B. (Bar-
beguière). *Amst.* (*Bordeaux*), 1784, in-8 cart. n. r.

BIOGRAPHIE ET BIBLIOGRAPHIE.

119. *Vie* de Joseph Balsamo, connu sous le nom de comte
de Cagliostro, trad. de l'italien. *Paris*, Onfroy, 1791, in-8
cart. (portr.).

120. *Lettre* du comte de Mirabeau à... sur MM. de Cagliostro et Lavater. *Berlin*, 1786. — *Mém.* pour servir à
l'hist. du comte de Cagliostro, 1785. — La *Magie* de Cagliostro dévoilée par lui-même. *Londres*, 1789, in-8,
3 broch. n. rel. — *Aventures* de Cagliostro, par J. de
Saint-Félix. *Paris*, 1834, in-12 br.

121. *Éloge* de Voltaire, prononcé dans la loge maçonnique
des Neuf-Sœurs, dont il avait été membre, par de la Dix-
merie. *Paris*, Valleyre, 1779, in-8 cart.

122. *Vie* de M. Zimmerman, par Tissot. *Lausanne*, 1797, in-8 cart. n. r. *Rare.*

> *Article sur les Illuminés.*

123. *Catalogues* de livres Maç∴ de Thory, Lerouge, Astier, Piton, Saint-Joar, Morand, Maske, Teissier. *Paris*, 1830-58, in-8, 9 part. en 1 vol., demi-rel. n. r.

> *Collection curieuse et très-rare à réunir.*

124. *Kloss.* Bibliographie der Freimaurerei. *Francf.*, 1844, in-8, demi-rel.

> *Catalogue curieux dont la partie française est bien complète.*

F∴ M∴ PAYS ÉTRANGERS.

125. *Constitutions* of the antient fraternity of Free and accepted Masons; publ. by W. H. White. *London*, 1841, in-8 cart.

126. De *Conventu* generali Latomorum apud aquas Wilhelminas, propè Hanauviam Oratio. S. L. et S. D. (vers 1782), in-8, fort vol., demi-rel. (attributs maç∴ sur le dos). Bel ex. *Très-rare* (en franc.).

> *Ouvrage curieux (attribué à Beyerlé), dont le titre seul est en latin, renfermant l'histoire de tout ce qui s'est passé dans les séances Maç∴ du fameux convent assemblé à Whilhelmsbad, en 1781-2.*

127. *Les plus* secrets mystères des hauts grades de la Maç∴ dévoilés, ou le vrai Rose-Croix, trad. de l'anglais, suivi du Noachite, trad. de l'allemand. *Jérusalem*, 1774, in-12, demi-rel. (fig.).

128. Le même. *Jérusalem*, 1782, in-12 br. (fig.).

129. The *Revelations* of a Square, exhibiting a graphic Display of the Saving and Doings of Eminent Free and accepted Masons, from the Revival in 1717 by Dʳ Desaguliers to the reunion in 1813 by their R. H. the Duke of Kent and Sussex, by Rev. G. Oliver. *London*, 1855, in-12, fort vol. cart. (jol. grav.).

130. *Constitutions*, statuts et réglement génér. du Rit écoss∴ sup∴ cons∴ de Belgique, 5841, in-8 br. et broch. s. le G∴ O∴

151. *Esquisse* de la Mac∴ suisse : d'octobre 1853 à septembre 1854, de janvier à août 1855; 20 n°ˢ en 15 livr. et rapports. Discours de la G∴ L∴ *Alpina*, de Genève, etc.; ensemble, 23 broch.

152. *Code* des lois de la grande Loge Astrée à l'Or∴ de Saint-Pétersbourg, l'an de la V∴ L∴ 5815. *Londres*, 1817, in-4, demi-rel. (attributs maç.). 154 pages. *Rare.*

153. *Constitution* de 1762, édit. nouv., publ. par ordre du G∴ C∴ de l'Etat de la Louisiane. *Nouv.-Orl.*, 1859, in-8. — *Constitut.* de la G∴ L∴, 1858, in-12. — *Réglem.* gén. du G∴ Cons∴ des Sub∴ Princes du Roy. secret, 32ᵉ D., 1859, in-8. — *Procès-verbal* du S∴ C∴, 1857, et 6 autres vol. en angl. sur le S∴ C∴ de la Louisiane, et 5 autres sur New-York, en angl. et en franç. : ensemble, 15 pièces in-8 br.

RECUEIL DE PIÈCES DIVERSES.

154. Le *Livre Bleu*, par E. S. Séchal. In-12 cart. à la Bradel (46 pages) avec la clef manusc. et le titre. *Très-rare.*

155. *OEuvres* Maçonniques de N. C. des Étangs, mises en ordre, annotées et précédées d'une Notice historique sur l'auteur, par F. D. Pillot. *Paris*, 1848, gr. in-8, dem.-rel. maroq. rouge, fil., tr. d., à nerfs (port. et fig. dans le textte.

Bel exemplaire en papier vélin.

156. *Pièces* de des *Étangs*. In-8. 12 pièces br.

Disc. pron. dans la Conféd. des Cinq Cons∴ des Gr∴ Ch∴ El∴ K∴ H. — Nouveau Miroir de la Vérité. — Véritable lien des peuples. — Aux Maçons. — Un Vénér∴ aux Maçons. — Protestation et plainte contre M. des Étangs, par Caille. — La jeune France. — Discours, allocutions, etc.

157. *Opuscules* Maçonniques, par le F∴ Th. de Rosny, contenant la Réception de l'Amour au grade d'apprenti, scène maç∴ — Tribunal de famille, scène locale. — La Foi, l'Espérance et la Charité, etc., conte maç∴ *Valenciennes*, 1810. — Les Visiteurs, vaudeville maç∴ — Les Mystères, discours prononcé le 7 décembre 1810 à la Loge de la Parfaite-Union à l'O∴ de Valenciennes

pour l'installation du Chap.∴ de Kilwinning, etc., 6 part.
en 1 vol. in-12, dem.-rel. (les 3 dernières pièces sont manuscrites).

*Réunion de pièces curieuses et uniques, celles imprimées
n'ayant pas été vendues.*

138. *Mélanges* de philosophie, d'histoire et de littérature
Maçonnique, par le F.∴ Bernaert. *Ostende*, 1822, in-8,
dem.-rel. (414 pages). *Rare.*

139. *Mélanges* de littérature, par G. J. Burgaud. *Calais*,
1834, in-8, 2 part. en 1 vol. cart. à la Bradel, n. r.

*La 2ᵉ partie est intitulée : OEuvres philanthropiq. et Maçon-
niques.*

140. L'*Orateur* Franc-Maçon, ou Choix de discours prononcés à l'occasion des solennités de la Maç.∴, etc., re-
cueillis par l'auteur du Manuel maçonnique (le F.∴ Vuillaume). *Paris*, Caillot, 1828, in-8, fort vol. cart., n. r.

141. *Recueil* de discours moraux (Maç.∴), par M. D. C.
Genève, 1782, in-12 cart.

142. *Discours* prononcés en Loges. 35 pièces in-8.

*Par Benin de Cuvilliers, Pyron, Mérilhou, Azaïs, Gérard,
Robert (du Var), Chénier, Gauthier, Desrivières de Montmo-
rillon et autres.*

142 *bis.* L'*Adoption* de la Maç.∴ des Femmes en 3 gr.∴ *A
la Fidélité.* 1775, pet. in-8 br. (3 fig.). — La *Franc-Ma-
çonne*, ou Révélat. des mystères des Fr.∴ Maç.∴, par
Mᵐᵉ ***. *Bruxelles*, 1744, in-12 br.

143. *Apologies* des Maçons, par Vernhes. *Montpellier*,
1821. — Sublimes Élus de la vérité, recherches sur les
divers rites, par Caignard de Mailly. — Prédict. de Platon
(par Pilon) et Un Mot sur la Prédict., par Leroy (2 br.).—
L'Art du thuileur, par Abraham. — Et quantité de broch.
de Rosemberg, Humbert, Ricard, etc. 84 br. in-8 et
in-12.

Ce lot sera divisé.

144. *Avis* sincère au soi-disant Fr.∴ Maç.∴, en vers. 1786.
— La *Société* des Fr.∴ Maç.∴ *Amst.*, 1772. — La Fr.∴
Maçonne, ou Révélat. des mystères. *Bruxelles*, 1744,
in-12 (3 broch.).

145. Le *Parfait* Maçon. S. D. (avec 3 grav.). — *Relation*

apologique et hist., conten. l'ordre et l'établissem. de la
Soc. des Fr∴ Maç∴ *Londres*, 1738. — *Lettre* d'un Fr∴
Maç∴ à M. de Vaux (par Uriot). *Francfort*, 1743. —
Apologie pour l'ordre des Fr∴ Maç∴, par N*** (Nouga-
ret). *La Haye*, 1744. — Les *Fri-Maçons*, hyperdrame.
Londres, 1740. — *Brevet* de calotte accordé en faveur de
tous lesz élés Fr∴ Maç∴, etc. In-12, 6 pièces en 1 vol.,
v. f., fil.

> *Recueil très-curieux.*

146. *Pièces* curieuses. 14 broch. in-8.

> *Récapitulat. de toute la Maç∴. — Défense et apologie. —
> Réflexions sur l'origine du système Maç∴, par D. C. — Fr∴
> M∴, par Besuchet. — Disc. sur les mystères anciens, par
> Crivelli. — Sur l'Établissem. de la F∴ Maç∴ en Angleterre
> et en France. — De la Maç∴ considérée dans quelques-uns de
> ses rapports politiques, par Signol. — La Fr... Maç∴ détruite
> par l'ord. du 16 juin 1828, par Pascal. — De l'état de la Fr∴
> M∴ à la suite des événements de juillet. — De la Fr∴ M∴ en
> Europe; par Bigot. — Tableau de la Fr∴ M∴, par Bazot.
> — La Fr∴ M∴ dev. le XIXᵉ siècle, par Tanquerel, etc. Paris,
> 1814-61.*

147. *Rédarès.* Discours sur les 1ᵉʳ et 2ᵉ gr∴ de la Maç∴
symb. *Paris*, 1850. — De l'Influence de la Fr∴ Maç∴
sur l'esprit des nations. *Lyon*, 1845. — Discours, etc., et
2 lettres aut. sign. adr. au F∴ Pillot; en tout 7 p. in-8
br.

TEMPLIERS ET ORDRE DU TEMPLE.

148. *Essai* sur l'histoire de l'ordre des Templiers, trad. de
l'allem. par Ed. Fraissinet. *Bruxelles*, 1840, in-8 cart.,
n. r.

149. *Essai* sur les N. N. ou sur les Inconnus. 1777, pet.
in-8 cart. (vignettes). *Rare.*

> *Secte ancienne que l'on compare aux Templiers.*

150. *Histoire* critique et apologétique de l'ordre des Chevaliers du Temple de Jérusalem dits Templiers, par le
R. P. M. J. (Cl. Mansuet jeune). *Paris*, Guillot, 1789,
in-4, 2 tom. en 1 vol., dem.-rel. (1 grav.).

151. *Histoire* de l'Abolition de l'ordre des Templiers. *Paris*,
Belin, 1779, in-12, v. fil. (croix templière).

152. *Histoire* de l'ordre militaire des Templiers ou Chevaliers du Temple de Jérusalem, par P. Du-Puy, nouv. édit. augm. d'un grand nombre de pièces justificatives. *Brusselles*, Foppens, 1751, in-4, fort vol., bas. (2 belles grav.).

153. *Histoire* des Templiers, par J. (Jacquelin). *Paris*, 1805, in-12 cart., n. r. — Autre Histoire. *Paris*, Pigoreau, in-18, br. (1 fig.).

154. *Histoire* des trois ordres réguliers et militaires des Templiers, Teutons, Hospitaliers ou Chevaliers de Malte (par Roux). *Paris*, Lottin, 1725, in-12, 2 tom. en 1 fort vol., v. m.

155. *Lévitikon*, ou Exposé des principes fondamentaux de la doctrine des Chrétiens — Catholiques — Primitifs. *Paris*, 1831, in-8, dem.-rel. v. (attributs maç.·).

156. *Manuel* des Chevaliers de l'ordre du Temple. *Paris*, 1825, in-18 cart., n. r.

157. *Statuts* (trad. littér. des) de l'ordre du Temple. *Paris*, 1833 (lat.-fr.). — *Statuts* généraux. 1839. — *Actes* du convent gén. de l'ordre du Temple. 1837, in-18, 3 part. en 1 vol. cart., n. r.

158. *Mémoire* sur deux coffrets gnostiques du moyen âge du cabinet de M. le duc de Blacas, par M. Jos. de Hammer. *Paris*, 1832, in-4 br. (7 pl.).

159. *Monographie* et suite du coffret de M. le duc de Blacas, ou Preuves du manichéisme de l'ordre du Temple, accompag. de la statistiq. de la milice du Temple du grand prieuré de Champagne, dioc. de Langres. *Paris*, 1852-53, in-4, 2 broch. (6 pl. cur.).
    Ouvrage tiré à petit nombre.

160. *Mémoires* historiques sur les Templiers, par Ph. G. (Grouvelle). *Paris*, Buisson, 1805, in-8 cart., n. r. (portr.).
    Avec envoi de l'auteur au sénat Resnier.

161. *Monumens* historiques relatifs à la condamnation des Chevaliers du Temple et à l'Abolition de leur ordre, par Raynouard. *Paris*, Egron, 1813, in-8, dem.-rel.

162. *Précis* hist. de l'ordre du Temple, origine de la Fr.·.

Maç∴, par Reghellini de Schio. *Or∴ de Jérusalem* 5840.
In-18, dem.-mar. n., non rogné.

163. *Procès* des Templiers, publié par M. Michelet. *Paris*,
impr. roy. et nat., 1841-51, in-4, 2 forts vol. br.
  Collection des documents.

164. *Recherches* historiq. sur le Temple, par Barillet. *Paris*, Dufour, 1809, in-8 cart. n. r. (4 pl.).

165. *Recherches* historiq. sur les Croisades et les Templiers, par le Ch⁴ʳ Jacob. '*Paris*, Everat, 1828, in-8 cart.,
n. r. (4 pl.).

166. *Recherches* hist. sur les Templiers et leurs croyances
religieuses, par P. (Plivart). *Paris*, 1835. — *Précis* hist.
du procès et de la condamnat. des Templiers. 1805. —
Mém. sur Jacques Molay, par Labbey de la Roque. *Caen*,
1828, ensemble 3 broch. in-8.

167. *Réflexions* d'un ancien Templier (par M. Morison de
Greenfield). — *Hist.* cur. de la démission d'un grand
chancelier de l'ordre du Temple (par Juge). — *Lettre* au
soi-disant membre du conseil général d'admin. de l'ordre
du Temple. — *Discours* d'Henin de Cuvilliers, — de
Barginet. — *Épître* aux Templiers — Saint-Jean, etc.
Paris, 1816-37, in-8, 14 broch.

168. *Régle* et Statuts secrets des Templiers, précédés de
l'hist. de l'établissem., de la destruct. et de la continua-
tion moderne de l'ordre du Temple, par Maillard de
Chambure. *Paris*, 1840, in-8, fort vol. cart., n. r. (2 pl.).

169. Les *Templiers*, tragédie par M. Raynouard, précédée
d'un précis hist. sur les Templiers. *Paris*, Michaud, 1805,
in-8 cart. à la Bradel (fig.). (*Édit. originale.*)

SOCIÉTÉS SECRÈTES DE DIVERS PAYS.

170. *Edict* d'Espagne contre la détestable secte des Illumi-
nez eslevez ès Archevesché de Seville et évesché de Cadix,
trad. de la copie espagnole, 1623, in-8 cart. à la Brad.
(16 pag.).
  Pièce extrêmement rare.

171. *Essai* sur la secte des Illuminés, par M. de Luchet,
3ᵉ édit. augm. par de Mirabeau l'aîné. *Paris*, 1792,
in-8, dem.-rel.

172. *Histoire* des Sociétés secrètes de l'armée et des conspi-
rations militaires qui ont eu pour objet la destruction du
gouvernem. de Nap. Bonaparte (rédigée par M. Ch. Nodier
sur des notes communiquées). *Paris*, Gide, 1815, in-8,
cart. n. r., 2ᵉ édit.

173. Des *Jacobins* depuis 1789 jusqu'à ce jour, ou état de
l'Europe en janvier 1822, par l'auteur des Sociétés secrètes
(attribué à Ch. Nodier). *Paris*, 1822, in-8, fort v., d.-r.

174. *Recherches* politiques et histor. qui prouvent l'exis-
tence d'une secte révolutionnaire, par le Chᵉʳ de Malet.
Paris, Gide, 1817, in-8, dem.-rel.

175. Des *Niveleurs. Paris*, 1822, in-8, dem.-rel.

176. Les *Sociétés* secrètes de France et d'Italie, ou fragment de ma vie et de mon temps, par Jean Witt (Buloz).
Paris, Levavasseur, S. D., in-8, dem.-rel.

177. Le *Juif* de Verone ou les Sociétés secrètes en Italie,
par Bresciani, trad. de l'ital. *Tournai*, 1858, in-12, 2 v. br.

178. *Constitution* et organisation des Carbonari, par Saint-
Edme. *Paris*, 1821, in-8 cart. (grand diplôme color.).

179. *Constitution* et organisation des Carbonari, ou docu-
ments exacts sur tout ce qui concerne cette Société, par
Saint-Edme. *Paris*, 1821 (diplôme color.). — *Objections*
aux Sociétés secrètes, par Vendisch-Groetz. *Londres*, 1787.
Crata repoa, ou initiat. des anciens mystères, par Bailleul.
Paris, 1821. — *Conspiration* de 1820, ou précis hist., par
D. V. T. *Paris*, 1820, in-8, 4 p. 1 fort vol. cart.

180. Des *Carbonari* et des Fendeurs charbonniers, par
Cauchard d'Hermilly. *Paris*, 1822, in-8 cart. à la Bradel.
    *Avec instruct. des Fendeurs à l'usage du G∴ chantier, etc.,
de la forêt impériale. 1809, in-8 non rel. (un peu rogné).*

181. *Histoire* des Sociétés secrètes politiques et religieuses,
par Pierre Zaccone. *Paris*, 1847-49, grand in-8, 5 vol.
br. (portr. et fig.).
    *Conten. : les Francs-Juges, Templiers et Francs-Maçons,
Carbonari, etc.*

182. *Précis* de l'histoire des tribunaux secrets dans le nord de l'Allemagne, par A. Loeve Veimars. *Paris*, 1824, in-18, dem.-rel.

183. Des *Sociétés* secrètes en Allemagne, et en d'autres contrées; de la secte des Illuminés, du tribunal secret, de l'assassinat de Kotzebue, etc. *Paris*, Gide, 1819, in-8, dem.-rel.

184. La *Vérité* sur les Sociétés secrètes en Allemagne, à l'occasion de l'ouvrage des Sociétés secrètes en Allemagne, etc., par un anc. illuminé. *Paris*, Dalibon, 1819, in-8 cart.

185. Les *Tribunaux* secrets, par Paul Féval. *Paris*, S. D., in-8, 4 vol. br. (belles fig.).

186. *Histoire* du tribunal secret, par Bock. *Metz*, 1801, in-12 cart. — Le *Baron* 'illuminé. *Paris*, 1804, in-12, 2 p. en 1 vol. cart.

187. *Herman d'Unna*, ou aventures arrivées au commencement du xve siècle, dans le temps où le tribunal secret avait sa plus grande influence, trad. de l'allem., par J. N. E. de Bock. *Paris*, 1801, in-12, 2 vol. cart. n. r. (2 fig.).

188. Le *Val-Duonegro*, ou les frères du poignard invisible suivis des Ruines de Dirckenfeld ou le tribunal des frères noirs, hist. du xvie siècle, par J. Ph. Levesque. *Paris*, 1834, in-8 br. (2 pl. représentant les signes).

189. *Histoire* de l'ordre des Assassins, par J. de Hammer, trad. de l'allem. et augm. de pièces justificatives par J. J. Hellert et P. A. de la Nourais. *Paris*, Paulin, 1833, in-8, br.

GRAND ORIENT DE FRANCE.

190. Histoire (*Annales originis magni Galliarum O∴ ou*) de la Fondation du Grand Orient de France, avec un appendice contenant les pièces justificatives, des détails sur un grand nombre de rites, et un fragment sur les réunions secrètes des femmes (par Thory). *Paris*, Dufart, 1812,

in-8, fort vol. cart., n. r. (4 pl. gr., représ. 17 empr. de
monnaies).

Livre rare et très-important pour l'hist. de la Fr∴ M∴

191. *G∴ O∴ Fêtes* de 1806 à 1848. — Rapports. — Com-
mémorations funèbres et autres pièces. 82 broch. in-4,
in-8.

192. *Statuts* et réglements généraux de l'ordre Maç∴ en
France pour 5826, id. 5839, id. 5856, in-8, 3 vol. br. et
2 broch. sur les Statuts et Congrès Maç∴ en juin 1855.

192 *bis. Calendriers* Maçonniques du G∴ O∴ de France.
In-18, 48 vol. br., dont 1 rel.

> *1804-1806, à et y compris 1814, 1816, à et y compris 1854.
> Collection devenue très-rare à trouver aussi complète.*

193. *État* du G∴ O∴ (tome 1ᵉʳ de la reprise, seul publié),
Paris, 1804, in-8, 4 part. en 2 vol. dem.-rel.

194. *G∴ O∴ de France*. Maç∴ symbolique. — Grades
d'Apprenti, Compagnon et Maître. In-4, 3 cahiers br.

> *Belle copie moderne des nouveaux grades.*

195. *Guide* des Maçons Ec∴, ou cahier des 3 Gr∴ symboliq. du rit anc. et accepté. 3 cah. — Le *Régulateur* des
Cheval∴ Maçons, S. D., in-4. Ensemble 4 cah. rel. et br.

RITE D'HÉRÉDON.

196. *Grade* de Chev∴ d'Eredon sous le titre de Rose-Croix
ou chᵉʳ de l'Aigle ou Saint-André. Copié à *Metz* en 1766,
in-4, 48 pages.

> *Manuscrit ancien.*

196 *bis. Discours* d'instruction pour le grade de R∴ C∴
In-4, *man. moderne.*

197. Le *Régulateur* du G∴ de Ch∴ Rose-Croix. *Paris*,
Lebon, 1855, in-18 cart. (signature de Lebon sur le titre).

> *Tiré à 12 exempl.*

198. *Grades* d'Écossais, Rose-Croix, Chev∴ d'Orient.
15 cahiers in-4.

> *Belle copie manuscrite sign. Dubin.*

199. *Écossais* de Saint-André d'Écosse, contenant le développement total de l'art royal de la F∴ M∴ et le but

direct, essentiel et primitif de son institution, dont le
1er collége est établi à Metz ; avec des notes hist. et critiq.,
par un enfant de sept ans, qui ne compte plus (par le baron
de Tschoudy). *Paris*, 1780. — *G. J. G. E.*, ou chevalier
Kados, connu aussi sous les titres de chevalier élu, de
chevalier de l'Aigle noir. *Paris*, 1781, in-12, 2 tom. en
1 vol. v. m.

> *Ces deux ouvr., du baron de Tschoudy, sont très-rares.*

RITE ÉCOSSAIS.

200. *Explication* des douze Écussons qui représentent les
emblèmes et les symboles des douze grades philosophiques
du Rite Écossais dit ancien et accepté, par l'Ill.·. F.·.
Bouilly. *Paris*, 5838, in-4, mar. rouge, fil., tr. d., fers à
froid (écussons Maç.·.) (12 belles pl. color.).

201. *Essai* hist. sur l'institut. du Rit Écossais (par Vassal),
1827. — *Nouv.* Miroir de la Vérité (par des Étangs), 1827.
— *Suprême* conseil, 1818-19 (2 p.). — *Vœu* émis par la
R.·. L.·. Écossaise des Amis constants, relativement à la
non-admission au G.·. O.·. de l'Ill.·. F.·. Dupin jeune (par
Caille), 1828. — *Rapport* du R.·. F.·. Berville, 1828. —
Suprême conseil, 1828-29. — *Éloge* funèbre d'Albert Mon-
temont, 1836. — *Installat.* de la R.·. L.·. de l'Avenir à
l'O.·. de Bordeaux, 1839, in-8, 9 p. en 1 fort vol. demi-rel.

> *Pièces curieuses relat. au S.·. Cons.·.*

202. *Essai* hist. sur l'Institut. du Rit Écossais, et sur la
puissance légale qui doit le régir en France (par Vassal).
Paris, 1827, in-8 br. (notes MSS.) — *Défense* du Rit
Écossais anc. acc.·., par Escodeca. *Paris*, 1841, in-8 br.

203. *Abrégé* hist. de l'organisat. en France des 33 degrés
du Rit Écoss.·. anc. et accepté (par Pyron). *Paris*, 1814.
— *De l'Indépendance* des Rites Maç.·., ou réfutat. des pré-
tentions du G.·. O.·. de France sur le Rit Écoss.·. anc. et
acc.·. (par le comte Muraire). *Paris*, 1827, in-8, 2 broch.

204. Recueil des actes du Suprème Conseil de France, ou
Collect. des décrets, arrétés et décisions de cet illustre corps,

de 1806 à 1830. *Paris*, Setier, 1832, in-8, bas. rac.
Tom. 1er seul publié.

205. *Règlements* généraux de la Maçonnerie Ecossaise, 5805.
— *Règlements* particuliers de la R∴, Loge Ecoss∴ de Saint-
Alexandre d'Ecosse, 2ᵉ Loge du Rit en France, 1784, in-8,
2 tom. en 1 vol., v. f., fil., tr. d. (attrib. Maç∴). *Beau vol.*
   On lit, gravé sur le premier plat du vol., offert par le Souv∴
   Chap∴ Métrop∴ au T∴ Ill… grand commandeur, le V∴ F∴
   Daigrefeuille, 1806.

206. S∴ C∴ *Règlements* généraux de la Maç∴ Ecoss∴
Paris, 1812, *idem. Paris*, 1846. — Les mêmes, 1854, in-8,
3 vol. rel. et br. — *Statuts* et règlem. *Paris*, 5818, in-8
mar. r., fil., tr. d. — *Traité* d'union, d'alliance et confé-
dérat. Maç∴ *Paris*, 5836, in-fol. br. (en quatre langues).

207. *Suprême Conseil.* Fêtes de l'Ordre, de 1812 à 1856,
50 broch., in-8 br. et br. r. — *Rit Ecoss∴* anc. et acc∴
Mémorandum de mai 1848 à déc. 1856 ; 21 nᵒˢ br.

208. *Code* Maç∴ des LL∴ réunies et rectifiées de France,
tel qu'il a été approuvé par les Députés des Directoires de
France, au convent Nˡᵉ de Lyon en 5778. S. L. 5779,
in-8 cart. (70 pag.).
   Pièce très-cur. concern. les LL∴ écossaises.

209. *Guide* des Maç∴ Ecossais ; cahier pour les Gr∴ d'Apprenti, de Compagnon et de Maître du Rit Ec∴ anc. acc.,
suivi de la série des 33 D∴, du Code Maç∴, de l'Alpha-
bet, etc., publ. par les soins de F∴ Fr∴ Seippel. *Havre*,
1858, 2 part. (2 belles grav.). — Le *Tuileur* expert (par
Bazot). *Paris*, 1836, in-12, 3 part. 1 vol. mar. rouge, fil.,
tr. d. (fig.). *Beau et magnifique vol.*

210. *Rite* écossais anc. et accepté, 18ᵉ et 30ᵉ D∴, par Laf-
font-Ladebat. *New-Orl.*, 1856-57, in-8, 2 vol. (angl. et
fr.). — *Idem*, 31ᵉ et 32ᵉ (en angl.), 1858, ensemble 3 vol.
in-8 br.

211. *Principes* de la Franc-Maç∴ vulgairem. connue sous
le nom du rit anc. et acc. écoss∴ ; par L. Dufau. *Nouv.-*
Orl., 1859. — *Mém.* à consulter sur l'origine du rit écossais, par J. Fulhouze. *Nouv.-Orl.*, 1858, et 2 autres
pièces in-8.

212. Le *Vade-mecum* Maçonnique, extr. des Statuts, Rituels, Règlements de l'ordre au Rit éc.˙. Disc., poésies, par Rétif de la Bretonne. *Paris*, 1840-41, in-12, *3 cahiers* br.

213. *Chapitre* de Royal-Arch.˙. In-folio, 21 pag.
Manuscrit d'une belle écriture. Rituel très-rare.

214. *Rit* écossais anc.˙. accepté. — Rituel des grades. In-8 et in-4, 4 vol. cart.
Belle copie moderne de tous les Grades, depuis le 1ᵉʳ degré jusques et y compris le 33ᵉ. Collect. rare à trouver complète.

215. *Rituel* des trois prem. Gr.˙. de la L.˙. des 7 Écossais réunis. In-folio br. (46 pag.).
Beau manuscrit.

216. *Rituel* écossais du 15ᵉ et 18ᵉ Gr.˙. In-8, dem.-rel.
Joli Man. moderne.

217. *Rituel* de Kadosch, 30ᵉ du Rit éc.˙. (par Escodeca). Gr. in-4 br. (41 pag.) (2 jol. dessins).
Belle copie manuscrite.

218. *Commandeurs* du temple du Mont-Thabor, Rit éc.˙. philos.˙. à l'O.˙. de Paris 5809. — *Cérémonie* funèbre à la mém. de Mᵐᵉ Ad. Giroust, née d'Elmillac. 1811. — *Fête* funèbre en mém. du R.˙. commandeur fondat. Jacq. de Cambry, 5809. — Les *Écossais* de France venant au secours de la R.˙. L.˙. l'Union Roy.˙., O.˙. de la Haye. — Les *Portes* symboliq. du temple. — Des *Noms* propres, par Mangourit. — *Petit* Vocabulaire des noms propres expliq. par les anc. mots. — *Éloge* de Cambry. — *Rapport* au temple du Mont-Thabor, 1810. — La *Phrase* entière, etc. In-8, 10 pièces en 1 fort vol., dem.-rel.
Toutes ces pièces sont de Mangourit.

RITE DE MISRAIM ET MEMPHIS.

219. Le *Parfait* Maçon, ou Répertoire complet de la Maç.˙. symbolique, rec. et mis en ordre par Vernhes. *Montpellier*, 1820, in-8, dem.-rel. (Tome Iᵉʳ seul publié.)
On a relié à la fin de ce vol. : Défense de Misraïm, par le même auteur, Paris, 1822; de plus, 29 pag. manuscrites. — Lettres (3) autogr. signées Vernhes adressées à M. Ragon

avec les réponses, à l'occasion du Parfait Maçon et sur le Rite de Misraïm, datées de 1823, ce qui rend ce vol. très-précieux et unique.

220. De l'*Ordre Maçonnique* de Misraïm, depuis sa création jusqu'à nos jours, par M. Bedarride. *Paris*, 1845, in-8, 2 vol., dem.-rel. v. (attributs maç.·.), 2 portr.

221. *Statuts* généraux de l'ordre Maç.·. de Misraïm. *Paris*, 1816. — Les mêmes. *Paris*, 1839. — Défense de Misraïm, par Vernhes, 1822, et 5 autres pièces de Ternisien, Bedarride, etc., ensemble 8 pièces in-8 et in-4 br.

222. L'*Hiérophante*. Développement complet des Mystères Maçonniques, contenant l'histoire de la Maçonnerie, Statut organique du Rit de Memphis, par J. E. Marconis et E. N. Mouttet. *Paris*, 5839, in-12, dem.-rel. v. (attributs maç.·.) (5 pl. de caract. hiéroglyph. et maç.·.).

223. Le *Sanctuaire* de Memphis ou Hermès, développements complets des Mystères Maç.·., par le F.·. Marconis de Nègre. *Paris*, 5850, in-8 br. (4 grav.).

LOGES DE PARIS ET DES PROVINCES.

224. *Loges* françaises et étrangères. In-8 et in-4. 100 *pièces.*
Discours, Comptes rendus, Fêtes, etc., des LL. du Phénix, Clemente amitié et autres.

225. *Extrait* du Livre d'or du S.·. T.·. des GGG.·. JJJ.·. JJJ.·. CCC.·. Or.·. du Monde, siége tenant à la vallée de Toulouse. 5807, in-8, mar. rouge, fil., tr. d., d. de tab.
Petit vol. de 29 pages entièrement imprimé en caractères rouges, pour la fête donnée au prince Cambacérès.

226. *Mémoire* pour les six RR.·. LL.·. de Toulouse, suivi du plaidoyer. 1834. — *Examen* du Mém. que les FF.·. de Branville aîné et Chemin-Dupontès ont publié en faveur des six LL.·. de Toulouse, par le F.·. Vassal. *Paris*, 1834, in-8 (2 broch.).

GRADES DIVERS ET RITUELS.

227. *Études* hist. et philosophiq. sur les trois grades de la Maç.·. symboliq., par Rédarès. *Paris*, 1858, in-12 br.

228. Le *Panthéon* Maçonnique. Instruction générale pour tous les Rites, par le F∴ J. E. Marconis. *Paris*, 1860, in-4 br. (288 pag. et 1 gr. pl.).

229. *Explications* du Tableau d'App∴ et Comp∴, rédig. par le F∴ Fustier, O∴ de Paris, 5808. In-fol. br. (20 pag.).
    Manuscrit.

230. *Grades* des Chevaliers de l'Aigle-Noir. — Grade de vrai Maçon (1er, 2e, 3e et 4e). — *Chev∴ du Lion.* — *Réception* d'Apprenti pécheur. — G∴ Chev∴ de Saint-Georges, — du Chev∴ du Phénix. — Sublime choix du Chev∴ du Phénix. In-4, 12 cahiers.
    Manuscrits anc. et mod.

231. *Grades* du petit A∴, de G∴ A∴ et de Mtre Ec∴ (29 pag.). — Le Chev∴ de l'Aigle-Noir. — Chev∴ Kadosch. — Elu secret. In-4, 4 cahiers.
    Manuscrits.

232. *Réceptions* de l'Illustre grade du Soleil. In-8, 44 pag. (6 dessins).
    Manuscrit du dernier siècle.

233. *Rituel* de Fendeurs. In-4, 18 pag.
    Manuscrit ancien.

234. *Rituel* du Chevalier du Temple. In-4, 51 pag.
    Beau manuscrit moderne. Ce grade anc. est attribué au baron de Tschoudy, de Metz.

235. *Rituel* Maçonnique pour tous les Rites, par le F∴ Riebesthal. *Strasbourg* (1826). In-8, dem.-rel.

THUILEURS ET MANUELS.

236. *Thuileur* des 33 degrés de l'Écossisme du Rit ancien dit accepté (par Delaulnaye). *Paris*, Delaunay, 1813, in-8, dem.-rel. (14 pl.).

237. *Tuileur* portatif des 33 deg∴ de l'Écossisme. 1846. Instruct. pour les grades symboliq. et autres. 10 broch, in-18 et in-32.

238. *Nécessaire* Maçonnique, par Chappron, 2e édit. augm. du nécessaire d'adoption. *Paris*, 1817, in-8, dem.-rel. v. (attributs Maç∴, fig.).

239. *Catechisme* (nouv.) des Francs-Maçons. —Pièces mêlées

pour servir à l'hist. de la Maç.·. *Jérusalem*, 1440, in-12,
2 part. en 1 vol., v. m. (8 grav.).

240. *Lettre* critiq. de M. le chevalier *** à l'auteur du catéchisme des Francs-Maçons, avec un brevet de calotte
accordé en faveur de tous les zélés, membres de leur
Société. A *Tyr*, chez Marcel Rouveteau, S. D.,
in-12 cart.

241. *Manuel* Maçonnique, ou Tuileur des divers rites de
Maçonnerie pratiqués en France, Tuileur du Rit égyp-
tien ou de Misraïm, etc., par un vétéran de la Maç.·.
(le F.·. Vuillaume). *Paris*, 1830, in-8, fort vol., dem.-rel.
(32 pl.) (2ᵉ édit.), *rare*.

> *L'un des plus curieux, renferm. tous les grades anc. et
> mod.*

242. *Manuel* général de la Maçonnerie comprenant les sept
grades du Rit français, les 33 du Rit écosssais, etc. *Paris*,
1856, in-8 br. (fig.).

243. *Bazot*. Manuel du Franc-Maçon. *Paris*, 1811, in-12,
dem.-rel., 1ʳᵉ édit.

244. *Bazot*. Manuel, 1828 ou 1845, in-12 br. 5ᵉ édit.

245. *Bazot*. Manuel du Fr.·. Maç.·., 6ᵉ édit. augm. d'une
explicat. des 3 G.·. symboliq. *Paris*, 1836, in-12, 2 vol.
br. (2 fig.).

246. *Bazot*. Manuel du Fr.·. Maç.·. et guide des officiers de
Loge, 7ᵉ édit. augm. *Paris*, 1845, in-12, 2 vol. br.

247. *Archives* de la Franc-Maçonnerie, ou les secrets et tra-
vaux de tous les grades jusqu'à celui de Rose-Croix, y
compris les grades écossais. *Paris*, Dentu, 1821, in-8 br.

248. L'*Arche* Sainte, ou le guide des Fr.·. Maç.·. *Lyon*,
1852. — *Guide* pratiq. des Fr.·. M.·. *Paris*, 1845. — *Petit*
répertoire Maç.·. par C. (Collin), 1829. — Le *Vrai* Maçon,
1809. In-18, 4 vol. br. et cart.

249. *Jachin* and Boaz; or, an authentic key of the Door of
Free Masonry. *London*, 1822, in-8 br. (1 fig.). — *A Free
Mason's* Pocket companion. *Lond.*, 1831, in-18 cart. —
An Inquiry into and tendency of speculative Free Ma-
sonry, by J. G. Stearns, *Utica*, 1827, in-18 br.

POÉSIES , CHANSONS MAÇ.·., THÉATRE.

250. *Amusement* des Francs-Maçons. *Saumur* et *Paris*, 1774, petit in-4 cart. (quelq. ff. raccom.).

> *Vol. très-rare, conten. des chansons , avec la trad. en regard en caractères maçonniques.*

251. La *Muse* protestante consacrée aux partisans de la bonne cause. Lullisipeade , poëme sur les calamités de Lisbonne, suivi de l'Archihéros ; et quelques autres pièces fugitives du même auteur, où se trouve l'idée la plus juste du système des Francs-Maçons (par J. D. Ramier). *S. l. n. d.*, in-12, v. m.

> *Vol. d'une extrême rareté publié à l'étranger. A la fin se trouve l'Age d'or retrouvé par la Société des vrais Maçons.*

252. Le *Grand* Art de s'amuser conten. un recueil de chansons à l'usage de toutes les LL.·. des Fr.·. Maçons. S. L. et S. D., in-8 cart. (ouvr. entièrem. grav. avec la musiq.).

253. La *Maçonnerie*, poëme en 3 chants, avec des notes histor., étymologiq. et critiq. (par le F.·. Guerrier de Dumast). *Paris*, A. Bertrand, 1820, in-8 cart., non rogné (2 gr. et 7 vign.).

> *Rare, l'auteur ayant retiré les exempl. du commerce.*

254. *Essai* sur la Fr.·. Maçonnerie, poëme en 3 chants par le F.·. Pillon-Duchemin. *Paris*, 1807, in-8 cart.

255. L'*Isle* des Sages ou le Sceptre donné par les Grâces, Esquisse anecdotiq., par F. Nogaret. *Aux Champs-Élysées*, 5785. — Gédéon ou l'Amour de l'Égalité, poëme. — Le Sacrifice d'Abraham, poëme, 1786. 2 part. en 1 vol. in-12 cart., n. r.

256. La *Lire* Maçonne ou recueil de chansons des Fr.·. M.·., par les FF.·. Vignoles et du Bois. *La Haye*, 1787. — *Règle* Mac.·. de Wilhelmsbad. *La Haye*, 5797, in-12, 2 p. en 1 fort vol. v. (avec les airs notés).

257. La *Lyre* Maçonnique composée des cantiques des F.·. Antignac, Arm. Gouffé, Barré, Brazier, Chazet-Piis, Pradel, etc., rédigée par Jacquelin et Chaumerot. *Paris*, 5809-14, in-12, 5 vol., dem.-rel. (le dern. vol. est appareillé).

> *Collection complète.*

258. Les *Maçons* de Cythère, poëme, par L. J. Brad.
Paris, 1813, in-18, fort vol. maroq. rouge, fil., tr. d. (jolie
grav.). *Papier vélin.*

259. *Recueil* choisi de chansons et poésies Maç.·. *Jérus.*,
S. D. Le Troubadour Fr.·. M.·., an II. Chansons de
Naudot, 1737. Etrennes maç.·. 1827. Contes mac.·., par
Bazot, 1845. Assises du Temple, par Malvezin. 1857,
in-8, in-12, in-18, 7 vol. rel. et br.

260. *Bazot*. Chansons maç.·. — Nouv. chansons. Contes.
— *Morale* de la franche Maç.·. *Paris*, 1827-41, in-18,
4 vol. v. f., vert fil., tr. d. (attributs Maç.·.) (avec envoi
de l'auteur à M⁕ Pilot).

261. Le *poëme* symbolique, exposit. du système Fr.·. Maç.·.
en 5 ch., par Berard. *Alger*, 1857, in-8 br. — *Poésies*
Maç.·. du F. Chaudron. *Paris*, 1841, in-8, dem.-rel. v.
(beau portr.) et 36 pièces de poésies de Nougaret-Dutheil,
Rouhaud, Louvet, etc.

262. *Recueil* de vers et cantiq. Maç.·., par le F.·. Houdart jeune. *Rouen*, 1841, in-8, dem.-rel., et 18 pièces br.,
poésies, proses de Houdart et autres auteurs des LL.·. de
Rouen.

263. L'*Ecole* des Francs-Maçons, ou les Fr.·. Maç.·. sans
le savoir, coméd. en 1 acte, en prose, par A. Honoré. *Paris*,
1779. — Les *Fri-Maçons*, hyperdrame. *Londres*, 1740.
— Les *Illuminés*, comédie en 1 acte et en prose (extr.),
in-8, 3 pièces en 1 vol., dem.-rel.

264. Les *Fra-Maçonnes*, parodie de l'acte des Amazones,
en 1 acte. *Paris*, 1754. — Les *Fastes* de la Maçonnerie,
hymne. 1785, in-8, 2 p. en 1 vol., dem.-rel., v.

265. Les *Fri-Maçons*, hyperdrame. *Lond.*, 1740. — *Itanako*,
drame Maç.·. en 6 époq., par E. C. Rey. *Paris*, 1835,
in-8, 2 p. en 1 vol., dem.-rel. (attributs Maç.·.)

266. *Théâtre*. Un triomphe de la Franc-Maç.·. ou le profane vaincu, dialogue entre un F.·. M.·. et un professeur,
scène en prose mêlée de vaudev., par un enfant de la
V.·. L.·. *Aux pyramides d'Egypte*, 5801, in-8 br.

    Pièce très-rare.

267. Les *Sybarites* ou les Fr.˙. Maç.˙. de Florence, drame
lyriq. en 3 a., par Lafitte, 1831 (taché). — *Frère* Gal-
fatre, com.-vaud. en 2 a., par Bayard et Xavier. — Les
Dévorants, com.-vaud. en 2 a., par Biéville. — L'*Alchi-
miste*, drame en 5 a., par Al. Dumas, in-8, 4 pièces br.

268. Le *Tribunal* secret, drame hist. en 5 actes, précédé
d'une notice sur cet étrange établissem., trad. par de Bock.
Metz, 1791. — Les *Carbonari* ou Naples en 1821, drame
hist. en 5 actes, précédé d'une notice, par M. Palmieri de
Micciché. *Paris*, 1833, in-8, 2 part. en 1 vol. dem.-rel. v.

GRAVURES MAÇ.˙., CURIOSITÉS, MANUSCRITS,
ORNEMENTS, BIJOUX ET MÉDAILLES.

269. *Lettre* autogr. signée de Delaulnaye, auteur du Tuileur
des 33 degr. de l'Écosse, adressée à M. Ragon de Bettignies
et datée de Paris, 27 mars 1810, in-4, 3 pag.

   Lettre cur. concern. l'Okigraphie et son tuileur.

270. *Correspondance Maç.˙. de M. Morand*, avec les anciens
et nouv. Membres du G.˙. O.˙. de France, de 1823 à 1855,
composée de 290 lettres autog., sign. de 140 personnes
différ., — de Bailleul, — Bazot (7). — Bessuchet (5), —
Bouilly (13), — Bugnot (3), — Caille, — Chemin-Dupontès (5), — comte Al. de la Borde (5), — Desanlis, — des
Étangs, — Fabre-Palaprat, — général Lafayette (2), —
Mérilhou (4), — Ragon (3), — Roettiers de Montaleu, —
Vassal (5), etc.; de plus, 55 pièces, de 1819? 1855. —
Titre de Nomination du F.˙. Morand, comme représentant
des LL.˙. de Paris, des Provinces, de l'Amérique, etc., —
de Félicitation, sign. des Autor.˙. Maç.˙. de Vassal, Bessuchet, etc., le tout réuni en 1 carton in-4. (Toutes ces
pièces ont rapport à la F.˙. M.˙.)

   *Collection la plus curieuse qu'on puisse trouver des person-
   nages les plus éminents de l'ordre Maç.˙. en France.*

271. 9 *Brevets* anciens (en blanc) dont 5 sur vélin, des Rits
d'York, français ;

271 *bis*. 1 Brevet de Templier en blanc.

   Ce lot sera divisé.

3

272. *Carte* Maçonnique de la France, par Perrot, in-fol., 1 f.

273. *Gravures.* — Procession en l'honneur de la déesse Isis. — Epreuves par les 4 éléments. — La déesse Myrionime. — Osiris, Orus, Serapis. — Isis. — Anubis, Typhon, etc. — Fig. d'Isis peinte sur l'enveloppe d'une momie. In-4, 8 magnifiq. grav. de Moreau, dont 2 très-grandes.

En grand papier, belles épreuves.

274. *Assemblée* de Nouv. F.∴ Maç. pour la réception des apprentis (lithogr., in-4 obl.).

Reproduct. d'une anc. caricature attribuée à Gabanon.

275. *Assemblée* de Francs-Maç.∴ pour la récept. des Apprentifs-Maîtres, plan de la Loge, in-4 obl., 7 pl. (pet. taches).

Anciennes épreuves. Collection rare.

276. Le *Miroir* de la Sagesse (belle lithographie). — *Code* Maç.∴ (lithogr.), gr. in-fol.

277. *Berceau* histor. des mystères de la Fr.∴ Maç.∴, ou Tableau de l'hist. ancienne et moderne de l'Ordre, par Kiener, plus la Descript., in-8, 1859-60.

2 belles lithographies de 0ᵐ,70 de hauteur sur 0ᵐ,80 de largeur. Pièces curieuses représent. tous les portraits des hommes célèbres qui ont illustré cet ordre.

278. *Temple* des Mystères. — Le *Temple* mystique. — *Vademecum* des initiés. — *Les sept* Évangiles Maç.∴, par Marconis de **Nègre**.

4 belles lithographies.

279. La *Maç.∴* semant la manne. — La Maç.∴ secourant l'humanité (4). — Portr. de Napoléon et Joséphine, in-fol. (lith.).

280. Le prince Lucien Murat, G.∴ M.∴ de l'ordre Maç.∴ en France.

Beau portrait gravé par Girard et publié par Alf. Chardon. Gr. in-fol., belle épreuve.

281. *Séance* d'installat. de l'Ill.∴ F.∴ prince Lucien Murat, G.∴ M.∴ de l'O.∴ M.∴ en France, le 26 février 1852, in-fol. (lithogr.).

282. *Garibaldi* (F.∴ M.∴).

Belle grav. représ. Garibaldi à cheval, dess. par Cornillet et grav. par Monnin. Gr. in-fol., belle épreuve.

283. *Histoire* pittoresque des religions, par B. Clavel. *Paris*, Paguerre, 1644-45, gr. in-8, 2 vol. br. (belle fig.).

ORNEMENTS MAÇ∴

284. Une tunique bl. avec un bord noir et croix rouge.

Un sautoir rouge avec bijou ancien pour Rose-Croix.

Un cordon noir : *Vincere aut mori*, pour le grade d'élu.

Un tablier brodé pour Lowton ou fils de Maçon.

Tous ces ornements sont de la plus grande fraicheur. Ce lot sera divisé.

BIJOUX MAÇ∴

285. Un *Collier* de Kadosch 30e (cuivre et argent).

Très-ancien.

Bijou de Chev∴ de l'Épée, en argent avec couronne en pierres.

Bijou de la Loge Clém∴ Amitié, en argent.

Bijou de la L∴ des Amis de l'Ordre, en cuivre doré, couronne en argent avec pierres.

Bijou de Rose-Croix de Rouen, en cuivre doré (1er chap∴ de France).

Ces lots seront divisés.

286. *Monnaies et Médailles*. L∴ des HHH∴ O∴ du Havre. 1813-15 (2 p.). Id. L∴ de l'Aménité (1 p.). L∴ la Fraternelle O∴ de Bolbec, 5847 (1 p.). Une autre avec devise : *Charitas nos vocat.*

5 pièces en argent.

Médailles. LL∴ de la Vérité de Rouen, de l'Aménité (1) et HHH∴ (2) O∴ du Havre, de la Fraternelle O∴ de Bolbec, en tout 5 en cuivre.

Une parfaite Egalité, O∴ de Rouen (argent doré).

Une de la philanthropie, O∴ de Saint-Quentin, 1799 (cuiv.).

MÉDAILLES ET JETONS.

Amis de la Paix, 1782. — Saint-Auguste de la parfaite Intel-

ligence, 1789. — Amis incorruptibles, 1785. — Constance
éprouvée. — Du Phénix. — Douce et confiante amitié (2).
— Rigides observateurs (2). — Parfaite réunion. — Amis
de l'Ordre, — des Arts et de l'Amitié. — Des Cœurs sin-
cères, Amis de la Patrie, Trinosophes de Bercy (2).

Chap.˙. des H. A. M. du Choix (2). — L.˙. Chap.˙. ec.˙. des
Amis et d'Osiris réunis. (Bijou de L.˙. F.˙. Durocher
vén.˙.) et autres de divers modules. 31 pièces.

Ces lots seront divisés.

FIN.

PARIS. — IMP. DE Mᵐᵉ Vᵉ BOUCHARD-HUZARD, RUE DE L'ÉPERON, 5.